AF249611

LE GOVVERNEMENT PRESENT OV ELOGE DE SON EMINENCE.

SATYRE OV LA Miliade.

LE GOVVERNEMENT

PRESENT OV ELOGE

DE SON EMINENCE.

Satyre, ou la Miliade.

PEVPLE esleuez des Autels,
Au plus Eminent des mortels,
A la premiere Intelligence
Qui meut le grand corps de la Frãce
A ce Soleil des Cardinaux
De qui d'Amboise & d'Albornox,
Ximenes & tout autre Sage
Doiuent adorer le visage;
Le Globe de l'Astre des Cieux

Est moins clair & moins radieux,
Ses rayons percent les tenebres
Produisent trente autheurs celebres
Et font vn affront au Soleil,
Par cet ouurage nompareil,
Que si nos debiles paupieres
Ne peuuent souffrir les lumieres
De ce corps desia glorieux
Qui nous esblouiront les yeux,
Contemplez l'ame plus obscure;
La sagesse & la foy moins pure,
Le Iugement moins lumineux
De ce polytique fameux
Qui rend l'Espagne triomphante,
Et la France si languissante
Dans ses ambitieux souhaits:
Il ne veut ny treue ny paix,
Sa fureur n'a point d'interualles.

Il suit les vertus infernalles,
Les fourbes & les trahisons,
Les parieures & les poisons.
Rendent sa probité celebre
Jusqu'en l'empire des tenebres,
C'est le ministre des enfers,
C'est le demon de l'Univers ;
Le fer le feu la violence
Signallent par tout sa clemence,
Les freres du Roy mal-traitez,
Les Mareschaux decapitez,
Quatre Princesses exilées,
Trente Prouinces desolées,
Les magistrats emprisonnez,
Les grands Seigneurs empoisonnez:
Les Gardes des Sceaux dans les
   chaisnes,
Les gentil-hommes dans les gesnes,

Tant de genereux Innocents,
Dans la Bastille gemissans,)
Cette foule de miserables,
Où les criminels sont coupables,
D'auoir trop d'esprit ou de cœur,
Trop de franchise ou de valeur,
Tant d'autres celebres victimes,
Tant de personnes magnanimes,
Qu'il tient soubs ses barbares loix,
Dont il ne peut souffrir la voix
Dont il redoute le courage :
Dont il craint mesme le visage,
Ce grand nombre de mal-heureux,
Qui sentent son ioug rigoureux :
Leur sang, leurs prisons, leurs sup-
plices.
Sont ses plus aimables delices,
Il se nourrit de leurs mal-heurs,

Il se baigne en l'eau de leurs pleurs
Et sa haine pire & cruelle
Dans leur mort mesme est immor-
    telle ;
Il agite encor leur repos
Il trouble leurs cendres & leurs os,
Il des-honnore leur memoire
Leur oste la vie & la gloire,
Ce tyran veut que ces martyrs
N'ayent que d'infames souspirs
Dans leur plus iniuste souffrance
Qu'on approuue ses violences
Et qu'il on blesse la verité,
Pour adorer sa cruauté.
Il ayme les fureurs brutalles,
Des trois suppotz de sa caballe,
De ce pouruoieur de boureaux,
Et de ces deux monstres nouueaux ;

Qui plus terribles qu'vn cerbere,
Deschirent sans estre en colere
De Testu cette ame de fer,
Digne Preuost de lucifer ;
Cet instrument de tyrannie,
Qui rend la liberté bannie
Ce geolier qui de sa maison,
Faict vne cruelle prison,
Et qui traitte auec insolence
Les braues Mareschaux de Frãce,
Lors qu'il les conduit à la mort,
Lors que l'estat pleure leur sort,
Lors que leur destin miserable,
Rendroit vn Tygre pitoyable :
Mais quels insignes attentats
N'ont fait MACHAVD &
L'AFFEMAS,
Quels Iuges sont aussi seueres

Que

Que ces cruels Commiſſaires,
Ces boureaux de qui les ſouhaits,
Sont de peupler tous les gibaits,
De qui les mains ſont touſiours pre-
        ſtes.
A couper des Illuſtres teſtes,
A faire verſer à grands flots,
Le ſang deſſus les Eſchaffaux,
La mort naturelle & commune
Leur deſplait & les importune,
Et la ſanglante à des appas,
Ou leur cœur prennent leur esbats,
En decapitant ils ſeiouent,
Ils ſont encor plus guays s'ils rouent,
Mais leur plus agreable ieu,
Eſt de bruler à petit feu,
ARMAND à choiſi ces deux
        Scythes,

Pour ſes fidels ſatellites,
Pour mõſtrer qu'il tiẽt en ſes mains
La vie & la mort des humains
Et qu'il regne par ſa puiſſance,
Comme les Roys par leur naiſſance,
Ses iuges menacent les grands,
Et font trembler les innocens,
Caſtrain Marillac & de Jarre
Ont paty deuant ces barbares,
Et veu leur mort dedans les yeux,
De ces Tygres audacieux,
ARMAND voulant des ſacri-
fices,
De cruauté & d'iniuſtice
Pour paroiſtre ſes ſeruiteurs,
Ils ſont les ſacrificateurs,
Ce moloc les á pour ſes preſtres.

Il'arme de cousteaux ces traistres,
Pour immoler sur des Autels,
Non des bestes mais des mortels,
Le vieux tiran des Arsacides
A moins commandé d'homicides,
Que ce moderne phalaris,
Ce monstre entre les favoris,
Son œil farousche & sanguinaire
S'allume dedans sa colere,
Ses regards sont d'vn bazilic,
Sa langue à le venein d'aspic,
Elle sert d'arme à sa malice,
Elle couure son iniustice,
Et mesle la douceur du miel
A l'amertume de son fiel,
Et sa parolle est infidelle,
Autant que sa main est cruelle,
Il ne parle qu'en caressant,

Et n'estouffe qu'en embraſſant,
Il flatte lors meſme qu'il tue,
Son ame n'eſt iamais nuë,
Il deſguiſe ſes actions,
Diſſimule ſes paſſions,
Compoze ſon geſte & ſa mine
Le demon a peine deuine,
Le mal qu'il cache dans ſon ſein
Il lit á peine en ſon deſſein,
Il ayme les laſches fineſſes,
De perdre malgré ſes promeſſes,
De lancer ſoudain dans les airs
La foudre ſans bruict ſans eſclairs,
De faire eſclatter vn orage,
Lors que le ciel eſt ſans nuage,
Il eſt meſchant il eſt trompeur,
Il eſt brutal il eſt menteur,
Ses baizers ſont baizers de traiſtre

Il n'est iamais ce qu'il feint d'estre,
Il trompe par tout ses discours,
Et s'il traicte auecq des sourds
Les deçoit par son visage,
Contrefaict le doux & le sage,
Leur soubsrit leur presse les mains,
Et par des conseils inhumains,
Faict apres tomber sur leur teste
Vne formidable tempeste,
Si les Roynes l'ont en horreur,
Il pleure pour gaigner leur cœur,
Il les combat auec leurs armes,
Et lors qu'il verse plus de larmes,
Il leur prepare vne prison,
Et s'il est besoing du poison,
Ses pleurs sont pleurs de cocodrille,
Qui menacent de la bastille,
Qui pour venger des desplaisirs

Causent des pleurs & des soupirs,
Son ame prend toute figure,
Horsmis celle d'vne ame pure,
Il faict ce qu'il veust de son corps,
Le dedans combat le dehors,
C'est luy sans que ce soit luy mesme,
En fin c'est vn bouffon supresme,
Sans masque il est tousiours masqué
Turlupin n'à point pratiqué
Tant de tours ny tant de souplesse
Tant de tours ny tant d'adresses,
Que ce protecteur de bouffons
Ce mœcenas de ces frippons,
Il faict chasque personnage,
Fors celuy d'vn ministre sage,
Il imitte bien les tirans,
Et les ministres ignorans,
Ce charlatan sur son theatre

Croit voir tout le monde idolastre,
De ses discours de ses leçons,
De ses pieces de ses chansons,
On souffriroit ses comedies ,
Quoy que foibles & peu hardies,
Si des tragiques mouuemens
N'entroubloient les contentemens,
S'il n'auoit affoibly la France,
En destruisant son abondance ,
En augmentant tous les impotz ,
En multipliant tous les maux ,
En tirant le sang des prouinces ,
en persecutant les grands princes,
En outrageant les potentas
en leur vsurpant tous leurs estas ,
En formant vne longue guerre ,
en l'attirant dans nostre terre,
en nous liurant aux estrangers ,

en mesprifant les grands dangers,
en defgarniffant les frontieres,
en n'affurant point les rivieres,
Bref en abandonnant les Lys,
A la fureur des ennemis,
Au fort des armes fi funefte,
A la faim la guerre la pefte,
Lorfqu'il doit penfer aux combats,
Il prend fes comiques esbats,
& pour ouvrage fe propofe,
Quelque pœfme pour Belle-rofe,
Il defcrit de fauces douleurs,
Quand l'eftat fouffre de vrays
mal-heurs,
Il traicte vne piece nouvelle,
Quand on emporte la capelle,
& confulte encore Bois-robert,
Quand vne Prouince fe pert,

Les peuples sont touchez de crainte
Le parlement porte leur plainte,
Implore le Roy pour Paris,
Sans offenser les fauoris:
ARMAND, toutesfois le que-
    relle,
Enflamme sa face cruelle,
Et d'vn regard de furieux,
Le traite de seditieux,
Certes illustre compagnie,
Tu doibs adoucir ce genie,
Dont le iugement nompareil,
Est plus clair que le Soleil,
Luy seul descouure toute chose,
Preuient les effects dans leur cause,
Perse la nuict de l'aduenir,
Sçait tout deffendre & tout munir,
Il a pris l'attaque du Liege,

Pour vne fraude & pour vn piege

Il a preueu ce que tu vois,

Le monstre des peuples François,

Dix mille bourgades pillée,

Vn grand nombre d'autres bruslée,

L'horreur, la mort de toutes parts,

Trente mille habitans espars,

Cachez dans les lieux solitaires,

Dix mille deia tributaires,

Et les fers encor preparez,

Aux foibles & moins remparez,

Demeure donc dans le silence,

Auguste Oracle de la France,

Laisse Armand mener le vaisseau

Nul autre pilote nouueau,

Ne peut coniurer la tempeste,

Qui gronde dessus nos ceste,

Luy seul commande aux Elemens,

Luy seul est le maistre des vens,
Luy seul bride le fier Neptune,
Lors que son onde l'importune,
Il luy faict des escueils eoueaux,
Il se promenne sur ses eaux,
Et d'vne digue merueilleuse,
D'ompte sa nature orgueilleuse,
Sy le Dieu de toutes les mers,
Ses vœu captif dessoubs ses fers,
Ne domptera il pas L'espagne,
S'il la rencontre a la campagne,
Les humains flechiront i'ls pas,
Voiant que les dieux sont à bas,
Il a vaincu les Nereides,
Terrassé les troupes humides,
Fouldroyé cent mille Tritons,
Et ne crains vingt mille fripons,
Et c'est Espagnol canaille,

Qui fuira deuant la bataille,
ARMAND, le plus grand des
    humains,
Porte le Tonnerre en ces mains,
Il gouuerne la deſtinée,
Tient la fortune enchaiſnée,
Son eſprit faict mouuoir les cieux,
Braue les Roys & les dieux,
Crains tu de n'auoir point de poudre
Ce iupiter porte le foudre,
Crains tu de manquer de canons,
Il eſt trop audeſſus des noms,
Au deſſus des tiltres vulguaires,
Au deſſus des loix ordinaires,
Pour Employer dans les combatz,
Aultre tonnerre que ſon bras,
Ses moins foibles rodomontades,
Sont bien plus que des canons.

Dans ses plus foibles visions,
Ilterrasse dix legions,
En parlant auec ses esclaues,
Il fait desia peur aux plus braue,
Auec ses seules vanitez,
Il reprend desia des citez,
Et dans sa plus froide arrogance,
Conçoit vne Riche esperance,
Il pleint quasi ces estrangers,
De s'estre mis dans les dangers,
Ou se sont mis Valence, & Dole,
Par leur temerité friuolle,
Ce sage ce rit de ses fols,
Et les croit voir à deux genoux t
Excuser leur outrecuidance,
D'auoir irrité sa prudence,
D'auoir mesprise Richelieu,
Dont le nom rime à demy Dieu

D'auoir d'vne atteinte mortelle,
Esbranlé sa pauure ceruelle,
D'auoir resueillé ses humeurs,
Qui l'ont agité de fureurs,
D'auoir terny toute sa gloire,
D'auoir esmeu sa bile noire,
D'auoir rendu son poil plus blanc,
D'auoir trop eschaufé son sang,
Et d'auoir reduit son derriere,
A sa disgrace coustumiere,
Il croit se voyant à cheual,
Voir Alexandre & Bucœbal,
Il croit par sa seule prudence,
Le renon de son insolence,
Le son de ses trente mulets,
Le grand nombre de ses valets,
Les destours de sa politique,
Les secrets de son art comique,

Le vert esclate de ses lauriers,
Le bruit de ses actes guerriers,
Le feu de son masle courage,
Et les rayons de son visage,
Glaceront les timides cœurs,
De ses fiers & cruels vainqueurs,
Il croit desia piller Bruxelles,
Et par des vengeances cruelles,
Traitter comme on fit Louuain,
Apres la Bataille d'Auain,
Pour faire de si beaux miracles,
Il consulte de grands Oracles,
Le Moyne des Noyers, Seguier,
Le ieune & le grand Bouthillier,
Voila les Conseillers supremes,
Qu'il consulte aux perils extremes:
Le Moyne imite S. François,
Il protege les Suedois,

Il a le zele Seraphique,
Il trauaille pour l'heretique,
Il est percé du diuin traict,
Mais non encor tout à fait,
Car il porte bien les stigmates,
Mais non les marques d'escarlates,
Son Capuchon Pyramidal,
Ne luy plaist qu'estant à cheual,
Sur la beste luxurieuse,
Qui prend la posture amoureuse,
Et par le branle & par le chocq,
Fait dresser la pointe du frocq :
Il n'a plus le simple equipage ;
Du fameux mulet de bagage,
Qui n'auoit comme vn Cordelier,
Pour train qu'vn asne regulier,
Cette vieille beste de somme,
Apres le train d'vn Gentil-homme,

Que bien quand le vin l'animoit,
Le braue cauallier se nommoit,
Il a suiuant & secretaire
Il a carrosse, il a cauterre,
Il a des laquais insolens
Qui iurent mieux que ceux des
        grands,
Il est l'oracle des oracles,
Il est le faiseur de miracles.
L'esprit S. forme ses discours,
Vn Ange les escrit tousiours,
Ils font par tout fleurir la guerre
Ils le canonizent en terre,
Il est des sainćts reformateurs
De l'ordre des freres mineurs,
Il fait vne regle nouuelle
Pour grimper au Ciel sans eschelle,
Pour y monter à six cheuaux,

D

Et par des ambitieux trauaux,
Gaigner Dieu par ou les ames
Gaignent les eternelles flammes
Pour estre capucin d'habit,
Pour estre esclaue de credit,
Pour estre eminent dans l'Eglise,
Pour empourprer la couleur grise,
Pour estre martir des enfers,
Pour estre vn monstre en l'Vniuers,

Seguier Race D'apothiquaire,

Est vn esclaue volontaire,
Il est valet de Richelieu,
Et l'adorateur de ce Dieu,
Il prend pour regle de Iustice,
Ce bon sainct sans fard ny malice,
Il dict le voyant en Tableau,
Le Ciel n'a rien faict de si beau,

Ses volontez luy sont sacrées,
Les Aigresiniures succrées,
Il tremble, il fleschit les genoux;
Il est pres à souffrir les coups,
L'appelle Monseigneur & Maistre
Et pour luy violant & traistre,
Pour luy ne cognoist plus de loix,
Pour luy viole tous les droits,
Sur son billet n'ose rien dire,
Scelle trente blancs sans les lire,
Trahit son sens & sa raison,
Tant il redoute la prison,
Il est morne & melancholique,
Il est niais & lunatique,
Une linotte est son iouet,
Il est solitaire & muet,
Tousiours pensif & tousiours morne
Rumine comme beste à corne,

Il auroit esté bon Chartreux,
Car il est sombre & tenebreux,
Son humeur pedantesque & molle,
Sent tres-bien son maistre d'escolle,
Il n'a point noblesse de cœur,
Quoy qu'aye dit vn lasche flateur,
Sa perruque en couurant sa teste,
Couure en mesmes temps vne beste,
Car des bastons au temps iadis,
Ont rendu ses sens estourdis,
Il va tous les iours à la Messe.
Sans que son iniustice cesse,
Les moynes Gouuernent son sceau,
Quand ils veulent il fait du veau,
Les ordres Seraphines,
Luy tiennent lieu de loix diuines,
Et la plus saincte faculté,
par luy n'a plus de liberté.

Si Richelieu, deuient iniuste,
Contre le Parlement Auguste,
Il a l'ardeur d'vn renegat,
Et soubs mains les choque & les bat :
Mais son auarice est extreme,
Et dans sa dignité supresme,
Il fait le geux & le faquin,
Comme s'il n'auoit pas du pain,
Son ame basse & mercenaire,
Le rend plus cruel qu'vn corsaire,
S'il y va de son interest,
Ou qnãd quelque maison luy plaist,
Il ne croit point d'illustre ouurage,
Que de s'enrichir dauantage,
Et pleure de n'auoir encor,
Peu gaigner vn million d'or,
La FABRY, cette serrurierre,
Cette laide, cette fripiere,

Ce dragon qui rapine tout,
Qui court Paris de bout en bout,
Pour auoir aux ventes publiques,
Les meubles les plus magnifiques,
Et ne donnant qu'vn peu d'argent,
Elle fait trembler le sergent,
C'est à Seguier vne harpie,
Vn demon qui sans cesse crie,
Qu'il faut voler à toutes mains,
Que sans biēs les hōneurs sōt vains,
Elle contrefait la bigotte,
Et se laisse leuer la cotte,
Assoisonnant ses voluptez,
D'eau benistes & de charitez,
Son mary carresse les moines,
Elle carresse les chanoines,
Et faict auec chacun d'eux,
Ce qu'on peut faire estant deux,

Des Noyers nouueau secretaire,
Merit ebien quelque salaire,
Car il est assez bon valet,
Quoy que ce ne soit qu'vn triboulet,
Et ne cognoist point de prudence,
Que la plus lasche complaisance,
Et cherche son eslement,
Par vn infame abaissement,
Sa vertu n'est point scrupuseuse,
Et d'vne addresse merueilleuse,
Quitte le bien & suit le mal,
Selon qu'il plaist au cardinal,
Vne legere suffisance,
Passe en luy pour grande science,
Et le signalle entre ses veaux,
De Lomenie & Phelipeaux,
Son ame est esgalle a sa mine
Elle est petite foible & fine,

Et n'a poinct du tout cet esclat,
D'vn grand secretaire d'Estat,
Sa splendeur n'estant que cõmune,
Ne peut au yeux estre importune,
Et son naturel bas & doux,
Luy donne fort peu de ialoux,
Seruient ton noble genie,
Ta faict sortir la tirannie
De ce regne ou les genereux,
Sont tous pauures & malheureux,
Ainsi l'astre par la lumiere,
Esclatte vne vapeur grossiere,
Qui ternit tout la clarté,
Et qui nous cache sa beauté,
Que si le soleil chasse l'ombre:
S'il perce le nuage sombre
Espere que les enuieux,
Te verront vn iour glorieux:

Mais

Mais le plus beau des politiques
Est Chauigny dont les pratiques,
Luy procurent auant le temps
Le Venin des plus vieux serpens,
Il est fourbe, il est temeraire,
Armand la pour son emissaire,
Et vers Monsieur, & vers le Roy,
Et vers tous deux il est sans loy,
Il tromperoit son propre pere,
Trahiroit sa propre mere,
Si le cours de ses passions,
Rapportoit a ses actions,
Il a tant apris d'vn tel maistre
Le mestier de fourbe & de traistre,
Qu'il est le premier fauory,
De ce ministre au sul poury,
Ses prodigieuses richesses,
Le font brusler pour deux metresses,

Par la gloire il est emporté,
Et par les femme il est dompté,
Son esprit embrasse les vices,
Son corps embrasse les delices,
Qui corrompent le iugement,
Par le brutal debordement,
Il se flatte de l'esperance,
De se voir Duc & Pair de France,
Et dans son desir violent,
Trouue que son remede est lent
L'amour qu'Armãd luy porte est telle
Qu'elle esgalle la paternelle,
Et si son perre n'estoit doux,
Il en pourroit estre ialoux,
Sa femme apprẽd d'vn bon stoicque
La naturelle politique,
Est que tout vice estant esgal
L'adultere est vn petit mal,

Mais pour punir cette Coqueste,
Il luy rend ce qu'elle luy preste,
Voilla les icannins les sullys,
Les villeroy les sillerys,
Dont ce fier tyran de la France,
Consulte la rare prudence,
Si tu demande des heraults,
Qui nous delliurent de nos maux,
Les Brezay et les Meillerayes,
Sont les medecins de nos playes,
Si tu veux des fouldres de mars,
Qui seruent de viuans rempars,
Coeslin dans la plaine campagne,
Sert plus qu'vne haulte montagne,
Courlay dans l'empire des flots,
Fait vn grand Rocher de son dos,
Ces deux boßes preseruent la France,
De tout maligne influence,

Tous ses braues auanturiers,
Nous promestent mille lauriers,
Ils outragent les Capitaines,
Ils font des entreprises vaines,
Et quoy qu'ils craignēt les hazards
Ils veullēt passer pour des Cezards,
Nais qui regne sur les finences,
Bullion dont les violences,
Sont le principal instrument,
De cet heureux gouuernement,
Le plus cruel monstre d'Affrique,
Est plus doux que ce frenetique,
Qui triomphe de nos malheurs
Qui s'engraisse de nos doulleurs,
Qui par des aduis detestables
Rend tous les peuples miserables,
Qui par ses tiraniques loix,
Les faict pleurer d'estre François,

Qui surpaße les boureaux mesine,
Ce plaiſt dãs leurs tourmẽs extremes
Qui d'vn exil s'eſt trempé les mains
Dans le ſang de cent mille humains,
Qui leur bleſſure renouuelle,
Du fer de ſa plume cruelle,
Et rit en leurs faiſſant ſouffrir,
Mille morts auant que mourir ;
Eſt il vn merite ſi rare,
Qui puiſſe adoucir ce barbare,
Le grand Veimar & ſa valeur,
Peuuent ils flechir ce voleur,
Il ne cognoiſt point de iuſtice,
Que les fougues de ſon caprice,
Il outrage les officiers,
Il gourmande les Chancelliers,
Armand ſouſtient ſon inſolence,
Volle auec luy toute la France,
Et pour confirmer les edicts,

Rend les magistrats interdicts
Tous les François sont tributaires,
De ces deux horibles corsaires,
Iamais Pirates sur les mers,
N'ont fait tant de larcins diuers
Ce notonnier à ce pilote,
Rapinant auec vne flotte,
Cornuel meut les auirons,
Luy seul vaut trente larrons,
Bullion par ses auarices,
Entretient son luxe & son vice,
Ce gros Guillaume racourcy,
A tousiours le ventre farcy,
Et plain de potage & de graisses,
Baise ses imfames maistresses,
Le gros coquet ce gros taureau,
Est son honneste macquereau,
Voila la fidelle pinture,

D'vn auorton de nature,
D'vn bacchus d'vn pifre d'vn nain,
D'vn serpent enflé de venin,
Que Louis d'vn coup de tonnerre
Doit exterminer de la terre,
PARIS pour illustre tombeau,
Luy prepare vn sale Ruisseau,
Promet de longues funerailles,
A ses tripes à ses entrailles,
Et s'oblige a grauer son nom,
Sur les pilliers de montfaulcon,
Il sera bien la mesme grace,
A vn moreau qui le surpasse,
En blasphemes & iuremens,
Et l'esgalle en debordemens,
Ce magistrat est adultere,
Iniuste fripon themeraire,
Et pour estre fils de Martin,

N'est pas moins fils de putain,
Dans Paris il vent la iustice:
Il exerce encor la police,
Mais on y meprise sa voix,
Et l'on hait ses iniuste loix,
Grand Senat tu hais tout de mesme
Ce le Iay ce buffle supreme,
Le chef honteux d'vn noble corps,
L'horreur des viuant & des morts,
Cest infame qui sans naissance
Sans probité sans suffisance,
Et sans auoir seruy Les Roys,
Se voit sur le throsne des loix,
Cet animal faict en Colosse,
Ce grand ce gros ce vieux Rosse,
Qui n'est bon que pour les harats,
Et pour les amoureux combats,
Qui dans maison rouge se pasme,

En baisant vne garce infame
Qui parut mort entre ses bras,
Qu'on trouua couché entre ses dras,
Qui dans cette extase brutalle
Approcha de l'onde infernalle,
C'est pour couronner son bon-heur
S'il mouroit en ce lit d'honneur,
Cet yuroigne n'a rien d'honnesteté
Son ame est l'ame d'vne beste,
Et n'a que de lasches desirs,
Et rien que sales plaisirs,
Sa maison est vne retraicte
Ou loge l'ardeur indiscrette,
Ou regnent venus & Bacchus
Des macquereaux & des cocus
Curst d'Herbelay & de Couruille,
Dont il voit la femme & fille,
Il se plaist d'estre yure souuent

F

C'est alors qu'il paroist sçauant,
Et que ceint d'vn laurier bacchique
Il discours de la republique,
Et là d'Herbelay & de la Tour,
De leur beauté de son amour,
Il vieillit sans deuenir sage,
Il fuit tousiours le mariage,
Il estoit gendre & tres-meschant,
Du grand capitaine marchand,
Il estoit ciuile a sa femme
Brusloit d'vne impudique flamme,
Elle de sa part l'encernoit,
Prodigue vers qui luy donnoit
Ce Boucquin pour nourir son vice,
Vend publiquement la Iustice,
D'Herbelay la mise á l'encamp,
Tire huict mil escus par an,
Fais ordonner ce qu'on demande

Pourueu qu'õ lui porte vne offrãde
Se vante parmy les tailleurs,
Qu'elle est grosse de procureurs,
Qu'elle enfantera vingt officiers,
Le digne prix de ses seruices,
Que s'il est sale en ses amours
Il est plus sot en ses discours,
Ses harangues sont pedantesques
Et plaine d'infinie grotesques,
Empruntant toufiours son Rollet,
D'vn Esprit pedant & follet,
Il ayme si fort la nature,
Qu'il parle au Roy d'agriculture,
De bien semer de bien planter
Desmonder clacquer hanter,
Il discours tout d'vn art si rare,
Que dans les iardins il s'esgare,
Traitte Louis de Vigneron,

Adiouste ce tiltre a son nom,
Compare vn grand arbre à la Frãce.
Et ce bel astre a sa prudence,
Qu'il sçait esbranler les estats,
Qu'il sçait couper les potentasts,
Qu'il sçait anter guerre sur guerre
Qui sçait bien cultiuer lès terres,
Ainsi ce sublime orateur,
Ce sage & delicat flatteur,
Ce Satyre à la gorge ouuerte,
Ce beau porteur de cire verte,
Cet Athée ennemy de Dieu,
S'est fait amy de Richelieu,
Il est traistre à sa compagnie,
Les soubmet à la tyrannie,
Denonce les plus gueux,
Excite Richelieu contre eux,
Et fait qu'il ordonne vn supplice,

Pour le courage & la Iustice,
Il bannist les bons magistrats,
Comme perturbateurs d'estats,
Introduit par toute la France
Le crime de leze Eminence,
Vange auec moins de cruauté
Celuy de leze Maiesté,
Il fait reuerer sa personne,
Plus que Louis & sa couronne.
Par ses seruices dignes de feu
Il a gaigné le cordon bleu,
Cordon qui seruira de corde,
Si on luy fait misericorde,
Car la rouë a peyne est le prix
Des attentats qu'il a commis,
Armanda ces ames si pures,
Dispanse les magistratures,
Et faict regner sur les subiets

Ceux qui sont dignes des gibets,
C'est la conduite admirable,
De ce ministre incomparable,
De ce capitan sourcilleux,
De ce Matamore orgueilleux,
De ce ieune hercule des Gaulles,
Qui les porte sur ses espaules,
Qui soubs ce faix n'est iamais las,
Qui n'a point besoing d'vn Athlas,
Et qui dessus sa maigre eschine
Veut porter la ronde machine,
Ce Courtisan subtil & vain,
Afait le Politique en vain,
Les fautes sont toutes visibles,
Et ne nous sont que trop sensibles,
Les premieres prosperitez
L'ont signalé de tous costez,
Mais les auantures sinestres

L'ont mis au rang des sots ministres,
Et est que dans les grands mal-heurs
Que l'on recõnoist les grands cœurs
L'esclat des heureuses fortunes,
Rend rare les ames communes,
Et les ouurages du hazard,
Passent pour chef-d'œuure de lart.
Tout pilote est bon sans orage
L'imprudent alors paroist sages:
Mais il se montre ingenieux
Lors que les flots montẽt aux cieux.
Quand Dieu punissant l'infidelle,
Quand il foudroioit les rebelles,
Quand il vãgeroit le droict dès Rois
Quand il combatoit pour les loix,
Quand il chatioit la Sauoye,
Quand il nous la donnoit en proye,
Quand il se seruoit de nos mains,

Pour deliurer les souuerains:
Armand estoit esgal aux Anges,
Et les flateurs dans les loüanges
Donnoit au bras de Richelieu
Les miracles du droict de Dieu,
Non que par ses soins & ses veilles,
Il nayt eust part à ces merueilles,
Et que Dieu nayt des instrumens,
Des plus fameux euenemens:
Mais la diuine prouidence,
Conduisoit sa foible prudence,
La force des astres diuains,
Mettoit la force en ses mains
Dieu regloit les causes seconde
Et calmoit la fureur des ondes,
Il leur faisoit baiser alors,
Nostre digue ainsi que leurs bords,
Et la prouidence eternelle,

Le

La destruict apres la Rochelle,
Dans Ré dans Cazal & Mātoué
Qui n'a point veu que Dieu se iouë
Des vains & des ambitieux:
Qui pensent escheller les cieux,
Lors que le seigneur des batailles,
Attaque ou deffend des murailles,
Les foibles domptent les puissans,
Et les Nains vainquent les Geans,
Soubz luy les hommes obeissent
Soubz luy les elemens flechissent,
Il retient le cours du soleil,
Il destourne vn sage Conseil,
Il glace de peur les armées,
Il les rend d'ardeur enflammées
Il meut leur corps, pousse leur bras,
Dresse leur mains regle leur pas,
Et par des destours inuisibles,

Conduit les courages sensibles,
Armand faisoit fleurir les lys,
Quand Dieu perdoit nos ennemis,
Mais quand il a pris pour obiect,
D'estre plustost Roy que subiect,
De faire adorer sa prudence
Plus que la Royalle puissance,
D'estre le tyran des françois,
Et le fleau des plus grands Roys,
D'eterniser dedans la terre,
Le triste flambeau de la guerre,
De violer tous les traictez,
De voler toutes les Citez,
D'vsurper toute la loraine,
D'emprisonner sa souueraine,
De separer ce que Dieu ioinct
De mepriser ce qu'il enioinct,
De rendre l'eglise asseruie,

De ne luy laisser que la vie,
De la faire esclaue des Roys,
De rauir ses biens & ses droicts,
De dissoudre vn sainct mariage,
Pour faire vn ridicule ouurage,
Pour ioindre auec des ieunes lys,
Des grateculs & seps viellis,
Pour mesler le sang de la France,
Au vil sang de son Eminence,
Pour faire Reyne Combalet,
La veufue d'vn pauure Argoulet,
La posterité d'vn notaire,
L'hermaphrodite volontaire,
La main de la main du vigent,
La princesse auteint de s'affrant,
La Nayade qui dans sa chambre,
Tient vne fontaine d'eau d'ambre,
Et chasse le Dieu des iardins,

Parmy les lys & les iasmins,
Quand renuersant le cours des cho-
Il a faict des metamorphoses,   (ses,
A rendu vierge Combalet,
La femme d'vn maistre mulet,
Alors les celestes puissances,
N'ont pû souffrir les insolences,
On a veu cet audacieux,
Hay de la terre & des Cieux,
On a veu ses palmes fanées,
Depuis le cours de trois annees.
Dieu ne reglant plus ses desseins,
Ils ont paru des choses vains
Il vouloit vaincre l'Allemagne,
Et Dompter la maison d'Espagne,
En laissant perir nos soldats,
Victorieux aux pays bas,
En commuant l'or des finances,

dans l'esclat des magnificences,
En prodiguant pour ses duchesses,
de quoy munir ses forteresses,
En amassant de grands thresors
dedans le Haure & autres ports,
En laißant dans les autres villes,
des troupes foibles & debiles,
Ayant plus de soin des prisons,
Que des forts & des garnisons,
C'estoit vn dessein chimerique
digne de ce grand politique,
du heros au dessus des noms,
du Roy des petites maisons,
Ses visions creuses & folles,
Ont mis les forces Espagnoles,
dans le sein de l'Estat François,
Et pres du trosne de nos Roys,
La France a receu mille atteintes,
Ses douleürs esgalent ses craintes,

Tous ses membres sont languissant,
La guerre a perdu tous ses sens,
Et la vigueur de sa Noblesse,
N'est plus aujourd'huy que foiblesse.
Elle est malade en tout son corps,
Ne peut faire de grands efforts,
A besoin que la main divine,
Le preserue de sa ruine,
Et ne doit demander à dieu,
Que la perte de Richelieu,
Car si le Ciel benit nos armes,
S'il seche le cours de nos larmes,
Et qu'Armand possede de Louis,
Par ses mensonges inouis,
Il reprendra sa tirannie,
Il redoublera sa manie,
Il bannira les plus puissans,
Il perdra les plus innocens,

Il conçois desia des vengeances,
Il prepare les violences,
Ce lyon bat desia son flanc,
Son cœur est alteré de sang,
Ses yeux estincellans de rage,
Sa gueulle s'apreste au carnage,
Faut-il que combastant pour nous,
Nous nous exposions a ses Coups,
Et qu'en deffendans nos murailles,
Ce serpent ronge nos entrailles,
Faut-il qu'en asseurant nos biens,
Nous nous asseurions nos liens,
Faut il qu'en gardant nostre maistre,
Nous gardions ce barbare Prestre,
Et qu'esclaues comme deuant
Nous nous perdions en nous sauuät
Grand Roy banny parta puissance,
La seruitude de la France,
Chasse l'orgueilleux potentat.

Et le demon de ton estat,
Ton triomphe sera funeste,
Si ce cruel monstre nous reste,
Ouure les yeux, arme ton bras,
Pour mettre deux tyrans abas,
Couronne les faictz de la Gloire,
Qu'auroit vne double victoire,
Faits punir l'autheur de nos maux,
L'autheur de mille & mille impots,
Faites que la Iustice diuine
Accable ce nouueau conchine,
Laisse deschirer à Paris,
Le plus meschant des fauoris,
Et fuys en sauuant la Couronne,
Cet oracle de la sorbonne,
Son sepulchre en vain sera l'eau,
Les tyrans n'ont point de tombeau,

Imprimé à Enuers.   FIN.